Workbook Answer Key

¿Cómo se dice...?
Eighth Edition

Ana C. Jarvis
Chandler-Gilbert Community College

Raquel Lebredo
California Baptist University

HOUGHTON MIFFLIN COMPANY   BOSTON   NEW YORK

Publisher: Rolando Hernández
Sponsoring Editor: Van Strength
Senior Development Editor: Rafael Burgos-Mirabal
Editorial Assistant: Erin Kern
Project Editor: Amy Johnson
Manufacturing Manager: Florence Cadran
Senior Marketing Manager: Tina Crowley Desprez
Associate Marketing Manager: Claudia Martínez

Printed in the U.S.A.

ISBN: 0-618-47147-2

123456789-BBS-08   07   06   05   04

Answers to Workbook Activities

Lección 1

A. 1. ese-a-ene-de-ere-a
 ce-i-ese-ene-e-ere-o-ese
 2. ce-ere-u-zeta
 be-u-ese-te-a-eme-a-ene-te-e
 3. ce-e-ese-a-ere
 ce-hache-a-ve-e-zeta

B. 1. quince
 2. veinticuatro
 3. treinta
 4. catorce
 5. diecinueve
 6. trece
 7. diecisiete
 8. doce

C. 1. verde
 2. rosado
 3. gris
 4. anaranjado
 5. morado

D. LUNES MARTES MIÉRCOLES JUEVES VIERNES SÁBADO DOMINGO

E. 1. junio, julio y agosto
 2. septiembre, octubre y noviembre
 3. marzo, abril y mayo
 4. diciembre, enero y febrero

F. 1. tú
 2. ella
 3. usted
 4. nosotros
 5. nosotras
 6. ellos (ellas)
 7. él
 8. ustedes
 9. yo

G. eres / soy / es / son / somos / son

H. 1. Gracias. Adiós (Chau).
 2. Buenas tardes, señorita. ¿Cómo le va?
 3. Hasta mañana   Saludos a Gustavo.
 4. ¿De dónde eres (tú)?
 5. Nos vemos el lunes.
 6. No mucho.

I. Crucigrama

Horizontal:
 2. Pepe
 4. domingo
 5. feliz
 6. Aries
 8. noviembre
 9. número
 11. jueves
 14. treinta
 15. ellos
 16. azul
 18. nosotros
 20. madre
 21. Carlitos
 22. padre
 24. despedidas

Vertical:
 1. anaranjado
 3. primavera
 7. quince
 10. mexicana
 12. ustedes
 13. jota
 17. universidad
 19. somos
 23. veinte

J. 1. Se llama Luis Vega.
 2. Se llama Elsa Díaz.
 3. Sí, es estudiante.
 4. Es mexicano.
 5. Sí, hay una fiesta.
 6. Hoy es el doce de mayo.
 7. Es profesora.
 8. Es de San Bernardino.

Panorama hispánico
40.000.000 / El 60 % / California, Tejas, Nuevo México y Arizona / La política, la educación, las artes y la literatura / César Chávez / Sandra Cisneros

Lección 2

A.
1. un
2. un
3. un
4. unos
5. un
6. unos
7. unos
8. una
9. unas
10. una

B.
1. las
2. la
3. la
4. el
5. las
6. las
7. las
8. el
9. los
10. los

C.
1. los / las / las
2. El / los / La
3. los / la
4. El

D.
1. Hay cuarenta y cuatro borradores.
2. Hay noventa y ocho lápices.
3. Hay setenta y cinco cuadernos.
4. Hay cien plumas.
5. Hay cincuenta y tres mapas.
6. Hay ochenta y dos sillas.
7. Hay sesenta y seis libros.
8. Hay cuarenta y tres pizarras.
9. Hay treinta y ocho relojes.
10. Hay noventa y seis pupitres.

E.
1. Son las siete — —.
2. Son — seis y veinte.
3. Es la una y —.
4. Son las — menos cinco.
5. Son las dos — cuarto.
6. Son las — menos veinticinco.
7. — las nueve.

F.
1. La clase de psicología es los lunes, miércoles y viernes a las ocho.
2. La clase de biología es los lunes, miércoles y viernes a las nueve.
3. La clase de historia es los martes y jueves a las diez.
4. La clase de literatura es los lunes, miércoles y viernes a la una.

5. La clase de danza aeróbica es los lunes y miércoles a las siete de la noche.

G. 1. e   2. c   3. a   4. b   5. d

H.
1. tomas / tomo / trabajas / trabajo / estudio
2. regresan / regresamos / regresa
3. necesita / necesito
4. deseas / deseo

I.
1. La Sra. Gómez necesita la dirección de Marta.
2. Ana trabaja con la profesora de Julio.
3. Los estudiantes de la Dra. Soto regresan a las cuatro.
4. La secretaria de la Sra. Juárez no trabaja hoy.
5. Yo necesito el número de teléfono de Sergio.

J.
1. Mi clase de español es a la(s)... /¿Qué hora es?
2. ¿Tú estudias por la mañana o por la tarde?
3. ¿Quieres estudiar conmigo?   Answers will vary.
4. ¿El inglés es fácil o difícil? *Possibility:* Necesitas estudiar todos los días.

K. Crucigrama

Horizontal:
2. domicilio
3. difícil
4. bolígrafo
6. hora
7. muchacha
10. norteamericana
13. conversar
14. mochila
16. ventana
18. toma
19. español
20. todos
21. reloj
23. cien
24. setenta

Vertical:
1. biblioteca
5. francés
8. cubano
9. portugués
11. idioma
12. tablilla
15. papeles
17. italiano
22. luces

L. 1. F
2. F
3. F
4. F
5. V
6. F
7. V
8. F
9. V

10. F
11. V
12. F

Panarama hispánico

Más de medio millón / El cinco por ciento / Ileana Ros-Lehtinen y Rafael Díaz Balart / Jon Secada, Gloria Estefan y Celia Cruz / Andy García y Camerón Díaz / La Pequeña Habana

Hasta ahora... Una prueba (Lecciones 1 y 2)

A. 1. son / somos / hablamos
2. es / trabaja / habla
3. eres / estudio
4. regresan / regreso / regresa
5. es / soy
6. tomas / deseo

B. 1. Fernando necesita quince dólares.
2. Yo necesito noventa y ocho dólares.
3. Eva y Mario necesitan setenta y nueve dólares.
4. Tú necesitas cuarenta y cinco dólares.
5. Sergio y yo necesitamos sesenta y cuatro dólares.
6. Ustedes necesitan cincuenta y tres dólares.
7. Marisol necesita cien dólares.
8. Usted necesita treinta y dos dólares.
9. Las chicas necesitan ochenta y seis dólares.
10. Nosotras necesitamos veintisiete dólares.

C. 1. Mucho gusto.   El gusto es mío.   Encantada.
2. platicar   hablar   conversar
3. dirección   domicilio   calle
4. Hasta mañana.   Nos vemos.   despedida
5. amarillo   azul   verde
6. tablilla de anuncios   pizarra   mapa
7. día   jueves   martes
8. lengua   francés   idioma
9. bolígrafo   lápiz   pluma
10. muchacho   chico   amigo
11. ¿Qué tal?   ¿Cómo estás?   ¿Cómo te va?
12. blanco   negro   gris
13. Muchas gracias.   Muy amable.   De nada.

Un paso más (Lecciones 1 y 2)

A. 1. Probablemente es de París.
2. No, no toma clases de siete a ocho.
3. Estudia español.
4. Habla de Isaac Newton.
5. Toma sociología de diez a once.
6. Toma clases hasta las doce.
7. Toma una clase.

8. Juega al tenis los sábados.
9. No, él no toma clases por la tarde.
10. La clase de español es en el aula 115.
11. No, la clase de sociología es en el aula 180.
12. Es el consejero de Marcel Dubois.

B. *Answers will vary.*

Lección 3

A. 1. mi / mis / su / sus / tu / tus
2. nuestros / nuestra / su / sus

B. 1. Mis amigos son de Nueva York.
2. Nuestra profesora es de Puerto Rico.
3. Mi amiga trabaja en la universidad.
4. Sí, nuestros amigos son de México.
5. No, no necesito hablar con su profesora.
6. Sí, Elsa necesita tus libros.

C. 1. ciento diez
2. ochocientos cuarenta
3. quinientos catorce
4. setecientos sesenta
5. mil doscientos ochenta
6. cuatro mil seiscientos setenta y dos
7. veinte mil novecientos cincuenta

D. 1. Las chicas puertorriqueñas son bonitas y muy simpáticas.
2. Héctor es un muchacho alto y guapo.
3. Los muchachos cubanos son encantadores.
4. La novia de Ernesto es una chica rubia y delgada.

E. 1. — comes come — comen
2. creo — cree creemos —
3. bebo bebes bebe bebemos beben
4. escribo — escribe — escriben
5. — recibes — recibimos —
6. decido decides decide decidimos deciden

F. 1. comen / comemos / como
2. lee / leo
3. viven / vivimos / vives / vivo / vive
4. escriben / escribo / escribe
5. aprendes / aprendo

G. 1. viene / tiene
2. venimos / tenemos
3. vengo / tengo
4. vienen / tienen
5. tienes / vienes

H. 1. tengo que / tienen que
2. tenemos que / tiene que
3. tienes que

I. 1. Con él (ella) habla.
2. Yo tengo que trabajar porque necesito dinero.
3. ¿Deseas beber algo?
4. La casa de ella queda en la calle Magnolia, y la casa de él queda en la calle Washington.
5. ¿Deseas llevar a Raquel y a Olga a la fiesta?

J. Crucigrama

Horizontal:

1. mañana
6. electrónicos
9. bonita
10. delgado
12. licencia
13. profesión
14. apartamento
17. apellido
18. realista
21. aviso
23. puertorriqueño
25. seguro
26. bebemos
27. examen

Vertical:

2. alto
3. amable
4. periódico
5. rubia
7. literatura
8. guapo
11. optimista
15. antipático
16. ordenador
19. empleo
20. compañera
22. casada
24. estado

K. (A)

1. Conversan en la sala.
2. Beben café.
3. Tiene que escribir un informe.
4. La novia de Oscar es Ana.

(B)

1. Tiene una computadora (un ordenador).
2. Recibe un mensaje electrónico.
3. Viene de Brasil.
4. No, no tiene que estudiar literatura.
5. Tiene que estudiar historia.

(C)

1. Lleva a Eva y a Luz.
2. Su dirección es calle Lima, número cuatrocientos cincuenta y ocho.
3. Es morena.

Para leer

1. No, es puertorriqueña.
2. Es de Puerto Rico.
3. Vive en Nueva York.
4. Hilda es enfermera. Su esposo es profesor.
5. Trabaja en un hospital de Nueva Jersey.
6. Son médicos.
7. No, viven en Ponce.
8. Tienen tres hijos. Son muy inteligentes y muy simpáticos.
9. Hablan inglés y español. En la escuela leen y escriben en inglés.
10. Vive en Nueva York.
11. Su dirección es calle Quinta, número quinientos treinta.

Panorama hispánico
Más de 2.700.000 / 70 por ciento / San Juan / Nydia Velázquez y José Serrano / Mark Anthony, Ricky Martin y Cheyanne / Jennifer López y Benicio del Toro / Félix Trinidad

Lección 4

A. 1. de la / del / del / de la
2. a la / al / los / a la / a las / al / a los
3. al / a la / a las / al

B. 1. da / vas / voy / van / están / va / está / estoy / das / doy

C. 1. voy a dar una fiesta
2. van a bailar
3. vamos a invitar a nuestros amigos
4. vas a ir a un concierto.
5. va a llevar a su hermano al zoológico

D. 1. —, —, prefieren
2. yo, entender, —
3. —, —, quieren
4. nosotros, cerrar, —
5. —, —, pierde
6. tú, empezar, —
7. —, —, piensa
8. nosotros, comenzar, —

E. 1. piensa (quiere)
2. prefiere (piensa / quiere)
3. queremos (pensamos / preferimos)
4. empieza
5. entienden
6. cierra

F. 1. no tengo hambre
2. Tienes sed
3. sueño
4. tengo frío
5. tiene calor
6. Tienes prisa

G. 1. ¿Quieres ir a una fiesta conmigo? Yo quiero bailar contigo.
2. a. Yo voy a preparar mucha comida.
   b. Voy a tomar (sacar) fotos.
3. ¿El vaso de agua es para mí o para ti?
4. ¿Cómo te llamas? ¿Cuántos años tienes?
5. Un brindis. ¡Salud!

H. Crucigrama

Horizontal:
1. pasado
4. habitación
5. sacar
8. bailamos
10. Navidad
12. sed
13. comenzamos
16. vaso
18. prefiero
19. semana
21. invitadas
23. abuelo
24. diversiones

Vertical:
2. acaba
3. zoológico
4. hermana
6. Nuevo
7. cansado
9. contento
11. partido
14. enojado
15. ocupada
17. preocupada
19. sobrino
20. hambre
22. santo

I. 1. No, es una fiesta de cumpleaños.
2. No, es el cumpleaños de Armando.
3. Tiene veinticinco años.
4. Carmen da la fiesta.
5. No, es la hermana de Armando.
6. No baila porque está muy cansado.
7. Va a comer un sándwich.
8. Baila con Pablo.
9. Elsa está con Fernando.
10. Brindan con champán (sidra).
11. Tiene sed.
12. Creo que son novios.

Panorama hispánico

Más de cien millones / Casi tres veces el área de Tejas / Ciudad de México, D.F. / Unos 24 millones / Acapulco, Cancún y Puerto Vallarta / Tehotihuacán, Chichén Itzá y Tulum / Tenotchitlán / Guadalajara / Guanajuato y San Miguel de Allende / Diego Rivera, Clemente Orozco, Alfaro Siqueiros y Frida Kahlo

Hasta ahora... Una prueba (Lecciones 3 y 4)

A. 1. estás / Estoy / vienen / tienen / quieres / voy / prefiero
2. comen / comemos / vamos / cierran / vas / voy
3. das / doy / vives / vivo / piensan / Pensamos / empieza

B. 1. once mil quinientos
2. setecientos mil
3. seiscientos
4. novecientos cuarenta
5. cien mil ochocientos

C. 1. una chica muy bonita / nuestra casa / Tiene diecinueve
2. contigo / conmigo / van a estudiar / el hijo del Sr. Soto
3. a tus padres / van a estar ocupados
4. Quiere (Desea) / Tengo mucha sed / comer algo / No tengo hambre

D. 1. amable cortés encantador
2. rubia morena pelirroja
3. nervioso frustrado enojado
4. abuela hija hermana
5. alegre animado entusiasmado
6. tener hambre comer algo comida
7. brindis salud vino
8. mi vida abrazar mi amor
9. la semana que viene pasado mañana este fin de semana
10. primo tío sobrino
11. concierto cine teatro
12. en casa cuarto habitación
13. empleo trabajo solicitud
14. diario leer periódico
15. ir asistir venir
16. querer preferir desear
17. bonita linda simpática
18. tener sed beber tomar

Un paso más (Lecciones 3 y 4)

A. 1. Verónica tiene cuatro exámenes en octubre.
2. La Dra. Nieto da una conferencia el miércoles, 2 de octubre.
3. El picnic va a ser en la playa.
4. Tiene que preparar sándwiches.
5. Viene de Guanajuato.
6. Eva celebra su cumpleaños este mes.
7. Sí, da una fiesta.
8. El concierto es a las ocho y media.
9. Tiene que escribir un informe para su clase de sociología.
10. No, piensa ir a la discoteca el viernes.
11. Va a jugar al tenis con Sergio.
12. Estudia francés.
13. Tiene que ir al dentista.
14. Tiene que estar en el consultorio del dentista a las dos.
15. Tiene que llevar a Nora al aeropuerto.

B. *Answers will vary.*

Lección 5

A. 1. está bailando / mucho más delgada / más gordo
2. están hablando / más bajo / más alta
3. más simpático / más antipático
4. más delgado
5. están bebiendo / más bonita
6. tan bonita como

B. 1. Anabel es tan alta como Alina.
2. Beto es (mucho) mayor que Tito.
3. El restaurante Miramar es mejor que el restaurante Don Pepe.
4. El hotel Costa es peor que el hotel Siesta.
5. Yo soy menor que mi primo.

C. 1. puedo
2. nosotros / volver
3. almuerzan
4. tú / encontrar
5. duerme
6. yo / volar
7. recuerdan
8. nosotros / poder
9. cuesta

D. 1. Sí, puedo viajar a México este verano.
2. Cuesta quinientos dólares.
3. Sí, mi familia y yo volamos a México.
4. Vuelvo a mi casa a las cinco.
5. Almorzamos en la cafetería.
6. No, no recuerdo su número de teléfono.

E. 1. está comiendo un sándwich.
2. estás leyendo un libro.

3. están bailando.
4. está sirviendo
5. estoy escribiendo
6. estamos hablando de nuestras clases.

F. 1. (9) está
2. (7) están
3. (6) es
4. (5) es
5. (3) somos / soy / es
6. (8) está
7. (1) es
8. (6) son
9. (7) está
10. (8) está
11. (1) es
12. (3) soy
13. (4) Son
14. (2) es

G. 1. hace frío / hace viento
2. hace calor / hace sol
3. hace frío / nieva
4. llueve

H. 1. Hugo es alto, moreno y guapo. Es un poco mayor que tú.
2. ¿Qué estás haciendo? Yo estoy leyendo un libro y escribiendo un informe.
3. Tráigame biftec con papas fritas y sopa de vegetales.
4. Ella está mirando televisión y él está durmiendo.
5. ¿Qué tiempo hace allí? Hace frío y está lloviendo en...

I. Crucigrama

Horizontal:
5. puré
6. pescado
9. camarero
12. guatemalteco
16. pimienta
19. sabroso
21. estatura
22. queso
23. servilletas
24. cuchillo
25. hamburguesas

Vertical:
1. sopa
2. jugo

3. verdura
4. volver
6. pedazo
7. pastel
8. marido
10. fábrica
11. hermoso
13. almorzar
14. tinto
15. leche
17. taza
18. cucharita
20. refresco

J. 1. Están en el restaurante La preferida.
2. Celebran su aniversario.
3. No, no es su segundo aniversario.
4. Deja cinco dólares.
5. Quiere ir al teatro Victoria.
6. Quiere ir con Lucy.
7. Marcelo cena con Delia.
8. El mozo recomienda langosta y camarones.
9. Pide vino.
10. Delia va a pedir ensalada y café.
11. Cena con Ana y Beto.
12. Va a pedir torta.
13. Ana va a pedir helado.
14. Va a tomar (beber) café.

Para leer

1. Está escribiendo una carta.
2. Fernando está muy ocupado siempre.
3. Unos amigos vienen a cenar.
4. Va a servir pescado a la parrilla, papas al horno y vegetales.
5. De postre va a preparar arroz con leche.
6. No, van a beber vino blanco.
7. Piensa venir en octubre.
8. Es muy interesante.
9. Pueden visitar Tikal, las famosas ruinas mayas.
10. Hace buen tiempo.

Panorama hispánico
Guatemala: Ciudad Guatemala / español / agradable / Tikal / la agricultura / café, bananas, algodón y madera / quetzal / Miguel Ángel Asturias

El Salvador: San Salvador / más de seis millones / más de doscientos / el surfing / tropical / café y bananas

Lección 6

A. 1.   a. estos libros   b. este escritorio
       c. esta cama   d. estas maletas
   2.   a. esa camisa   b. esos discos compactos
       c. ese mapa   d. esas chicas (muchachas)
   3.   a. aquellas sillas   b. aquel teléfono
       c. aquella muchacha (chica)   d. aquellos
       muchachos (chicos)

B. 1.   —, sirvo, sirves, sirve, servimos, sirven
   2.   pedir, —, pides, pide, pedimos, piden
   3.   decir, digo, —, dice, decimos, dicen
   4.   seguir, sigo, sigues, —, seguimos, siguen
   5.   conseguir, consigo, consigues, consigue,
       conseguimos,

C.   sirven / pedimos / pide / dice / pedimos /
consigue / dice

D. 1.   piensas (puedes) / puedo (pienso) / prefiero
(quiero)
   2.   empiezan (comienzan) / Sirven / cuesta /
Cuesta / pido
   3.   vuelven / Volvemos / empiezan (comienzan) /
vuelan / Volamos
   4.   almuerzas / cierra
   5.   encuentro / pierdes
   6.   entiendes / dicen / entiendo

E.   Elena nunca va a San Francisco y su esposo no
va tampoco. Nunca compran nada porque no
tienen mucho dinero. Ninguno de sus amigos
viene a su casa los domingos, y Elena no sirve
(ni) vino ni refrescos. Elena no es muy simpática
y su esposo no es muy simpático tampoco.

F. 1.   Salgo a las siete.
   2.   Conduzco un Ford.
   3.   Sí, traigo los libros a la universidad.
   4.   Sí, conozco a muchos de los estudiantes de
la universidad.
   5.   No, no sé el número de teléfono de mi
profesor.
   6.   Sí, traduzco del inglés al español.
   7.   Hago los quehaceres por la mañana.
   8.   Pongo mis libros en mi escritorio.
   9.   Veo a mis amigos los domingos.

G. 1.   Nosotros conocemos a Teresa.
   2.   Yo sé el poema de memoria.
   3.   Elsa no conoce California.
   4.   Ellos saben cocinar.
   5.   Tú conoces las novelas de Cervantes.
   6.   Armando no sabe bailar.

H. 1.   me
   2.   lo
   3.   las
   4.   las
   5.   los
   6.   lo
   7.   te
   8.   nos
   9.   las
   10.   la

I. 1.   Puedo traerlas mañana.
   2.   Sí, te puedo llamar (puedo llamarte) esta
noche.
   3.   No, no las tengo.
   4.   Sí, las acepto.
   5.   Mi tío me lleva.
   6.   Sí, voy a cortarlo (lo voy a cortar) hoy.
   7.   Sí, los voy a visitar (voy a visitarlos) esta
noche.
   8.   Mi prima nos va a llevar (va a llevarnos) al
aeropuerto.

J. 1.   ¿Qué sirves en tus fiestas? ¿Dónde
consigues un vino tinto bueno?
   2.   El próximo sábado voy a lavar y a doblar la
ropa, voy a planchar algunas camisas, voy a
hacer las camas y voy a cocinar.
   3.   Tú nunca me ayudas con los quehaceres de
la casa.
   4.   Mi hermano y yo vamos a estar en la parada
de autobuses (ómnibus). ¿Tú puedes
recogernos?

K. Crucigrama

Horizontal:
   3.   ayudar
   6.   algo
   7.   lavar
   8.   comprar
   9.   sabemos
   12.   debajo
   15.   suegro
   16.   garaje
   17.   escoba
   18.   aspiradora
   22.   siempre
   23.   compras
   25.   sábana
   26.   dormitorio

Vertical:
   1.   trapear
   2.   cuñada

4. conozco
5. viajar
10. ómnibus
11. seguida
13. quehaceres
14. sacan
19. revista
20. césped
21. yerno
23. camisa
24. sacudir

L. 1. Diego está pasando la aspiradora.
2. Eva va a sacudir.
3. Está limpiando la ventana.

4. Está preparando la comida.
5. Está planchando.
6. Tiene que limpiar el garaje.
7. Él va a necesitar la escoba.
8. Está mirando un partido de fútbol.
9. Está doblando la ropa.
10. Luisa está haciendo la cama.

Panorama hispánico
Honduras: Tegucigalpa / Más de cinco millones y medio / La agricultura / El sesenta por ciento / Copán

Nicaragua: Managua / El lago Nicaragua y el lago Managua / Managua, León y Granada / La agricultura / Café, algodón, carne de res y madera / Rubén Darío

Hasta ahora... Una prueba (Lecciones 5 y 6)

A. 1. puedes / conozco / salgo
2. sirven / hago / sé / consigo
3. almuerzan / Almorzamos / pido / digo
4. vuelves / vuelvo / conduzco

B. 1. algo / estas revistas
2. está sirviendo / está estudiando / está durmiendo
3. secarlos / ayudarte
4. nos necesita / alguien / este / no hay nadie
5. es / el mejor de
6. está lloviendo / hace mucho frío /
7. es mayor que / es mucho más alto que
8. es / eres tan / como
9. está / esa

C. 1. langosta   camarones   pescado
2. helado   torta   flan
3. pagar   cuenta   propia
4. dormitorio   sala de estar   comedor
5. jugo de frutas   refresco   té frío
6. padrastro   madrastra   hijastra
7. frito   al horno   a la parrilla
8. cuñada   suegra   nuera
9. barrer   pasar la aspiradora   trapear
10. lavar la ropa   doblar la ropa   planchar
11. verdura   legumbre   ensalada
12. vino tinto   champán   cerveza
13. cuchillo   cuchara   tenedor
14. taza   vaso   copa
15. autobús   ómnibus   taxi

Un paso más (Lecciones 5 y 6)

A. 1. La dirección del restaurante El Favorito es calle Central, número 550.
2. Puedes llamar al teléfono (número) 63-48-90.
3. No, el restaurante no está abierto los lunes.
4. Pueden usar tarjetas de crédito.
5. No, no sirven desayuno.
6. Sí, pueden pedir langosta y camarones.

7. No, tienen un menú internacional.
8. Sí, creo que son buenos porque son caseros.
9. No, no pueden tener un salón privado.
10. No, no es nuevo.
11. Sí, es adecuado para familias.
12. Pueden bailar y oír música.

B. *Answers will vary.*

Lección 7

A. 1. Carlos me trae jabón.
2. Carlos les trae una cámara fotográfica.
3. Carlos nos trae las maletas.
4. Carlos le trae la llave.
5. Carlos te trae una cámara de video.
6. Carlos le trae el almuerzo.
7. Carlos les trae la cena.
8. Carlos le trae el desayuno.

B. 1. Le voy a dar el dinero a Raúl.
2. No, no te voy a comprar nada.
3. Me va a traer el equipaje.
4. Les voy a comprar un reloj.
5. Nos sirve pollo y ensalada.
6. Le voy a dar cien dólares.

C. 3. gusta el libro.

4. Le gustan las plumas.
5. gusta su trabajo.
6. gusta este restaurante.
7. gusta esta ciudad.
8. Les gusta trabajar.
9. Me gusta bailar.
10. Te gusta este hotel.
11. Le gusta viajar.
12. Nos gusta esta clase.
13. Les gustan sus profesores.

D. 1. A mí me gusta más viajar en el verano.
2. A ella le gusta más el hotel Hilton.
3. A nosotros nos gusta más este restaurante.
4. A ellos les gusta más ir a Panamá.
5. A ti te gustan más las maletas azules.
6. A ustedes les gusta más salir por la mañana.

E. 2. Hace dos días que tú estudias.
3. Hace un mes que Ud. viaja.
4. Hace cuatro horas que ella lee.
5. Hace seis horas que él duerme.
6. Hace dos horas que Uds. bailan.
7. Hace dos horas que ellos escriben.

F. 1. Hace diez meses que vivo aquí.
2. Hace veinte minutos que estoy aquí.
3. Hace dos años que estudio en esta universidad.
4. Hace cuatro meses que no veo a mis padres
5. Hace seis horas que no como.

G. 2. — trabajaste trabajó — trabajaron
3. cerré cerraste — cerramos cerraron
4. empecé — empezó empezamos empezaron
5. llegué llegaste llegó — llegaron
6. busqué buscaste buscó buscamos —
8. bebí bebiste — bebimos bebieron
9. — volviste volvió volvimos volvieron
10. leí leíste — leímos leyeron
11. — creíste creyó creímos creyeron
13. escribí — escribió escribimos escribieron
14. recibí recibiste recibió — recibieron
15. abrí abriste — abrimos abrieron

H. Yo salí de mi casa a las diez y llegué a la universidad a las once. Ada y yo estudiamos en la biblioteca y después comimos en la cafetería. Después de las clases trabajé en la oficina. Volví a mi casa a las seis, leí un rato y cené. Mis padres me llamaron a las siete.

I. 1. Miguel Fuentes está en el segundo piso.
2. Ángel Batista está en el séptimo piso.
3. Silvia Larra está en el tercer piso.
4. Arturo Gálvez está en el noveno piso.

5. Ester Vázquez está en el cuarto piso.
6. Nora Ballesteros está en el primer piso.
7. Rubén Acosta está en el sexto piso.
8. Alberto Cortés está en el octavo piso.
9. Caridad Basulto está en el décimo piso.

J. 1. ¿Tienen cuartos (habitaciones) libres? No tengo reservación, pero mi nombre está en la lista de espera.
2. ¿El botones puede llevar mis maletas al cuarto? ¿Dónde está el ascensor (elevador)?
3. ¿Te gusta un cuarto (una habitación) con vista al mar o un cuarto (una habitación) con vista a la montaña?
4. ¿A qué hora tengo que desocupar el cuarto? ¿A cómo está el cambio de moneda?
5. Les mandé una tarjeta postal. ¿La recibieron?

K. Crucigrama

Horizontal:
2. desayuno
4. película
5. moneda
7. maleta
9. comedia
11. elevador
12. prometer
14. botones
17. espera
18. colchón
20. jardín
22. inodoro
23. piscina
24. cancelar
25. quinto

Vertical:
1. tarjeta
2. ducha
3. sencilla
4. pasaporte
6. tercero
8. llave
10. adolescente
13. embajada
15. mecánica
16. habitación
19. negocios
21. anteayer

L. 1. El desayuno es a las siete.
2. El almuerzo es a las doce.
3. La cena es a las ocho.
4. No, es con vista a la calle.
5. Es una habitación doble.
6. Sí, tiene baño privado.

7. Tienen dos maletas.
8. No tiene la llave.
9. Quiere comprar una cámara fotográfica. Cuesta trescientos cincuenta dólares.
10. Javier está en el baño.
11. Va a pedir jabón.
12. Hay dos toallas en el baño.

Para leer
1. Están viajando.
2. Para reservar una habitación.
3. Está en San José.
4. Es con vista a la calle.
5. Porque tienen aire acondicionado.
6. El botones llevó las maletas al cuarto.
7. Recibió una buena propina.
8. Sí, le gustó mucho.
9. Comieron en el restaurante del hotel.
10. Visitaron algunos lugares de interés.

Panorama hispánico
Costa Rica: San José / café, bananas, caña de azúcar y flores / El ecoturismo / 24 / noventa y cinco por ciento / la guitarra, la mandolina y el acordeón

Panamá: Ciudad de Panamá / El Canal de Panamá / Ciudad de Panamá y Colón / 1999 / Atlántico y Pacífico / el béisbol

Lección 8

A. 2. — me lo/la das.
   3. Yo — lo/la doy.
   4. Nosotros se lo/la —.
   5. Ellos nos lo/la dan.
   6. Yo se lo/la doy.
   7. — se lo/la das.

B. 1. me los
   2. se la
   3. nos las
   4. te lo
   5. se lo
   6. te las

C. 1. Mi hermano me los compra.
   2. Se las presto a Carmen.
   3. Mi prima me lo va a prestar. (Mi prima va a prestármelo.)
   4. Sus amigos se las mandan.
   5. Mi tía nos la compra.
   6. Sí, yo te los puedo traer. (Yo puedo traértelos).

D. fuimos / fue / di / dieron / fueron / Fue

E. 1. sirvieron / pidieron / pedí / pidió
   2. durmieron / dormí / durmieron
   3. consiguieron
   4. murieron / murió
   5. repitió / mintió

F. 1. Ella pasa por el banco.
   2. El dinero es para María.
   3. Viajamos por tren.
   4. Hay vuelos para Buenos Aires.
   5. Necesito el vestido para el sábado.
   6. Pagó diez dólares por la maleta (valija).
   7. Vengo por la noche.
   8. Me dio cinco dólares para comprar el libro.

G. 1. (9) para
   2. (4) por
   3. (1) por
   4. (5) por
   5. (6) por
   6. (3) por
   7. (8) para
   8. (10) para
   9. (9) para
   10. (11) para
   11. (2) por

H. Generalmente / probablemente / raramente / desgraciadamente / especialmente / lenta / claramente

I. 1. ¿Durmió Ud. bien, Sr. Barrios? ¿Le sirvieron el desayuno?
   2. ¿Le dieron el préstamo que Ud. pidió, Srta. Fuentes?
   3. Desgraciadamente, el pez de colores que compré para mi sobrina murió ayer.
   4. Ahorré dinero para comprar una motocicleta y me la robaron.

J. **Crucigrama**

Horizontal:
   5. supersticioso
   8. tintorería
   9. hidrante
   10. estacionar
   13. viajero

14.	perro		16.	desgraciadamente
17.	cajero		19.	loro
18.	mala		21.	orquídea
20.	ramo		24.	gratis
22.	regalo		26.	alérgico
23.	crédito		30.	florería
25.	tortuga		31.	diligencias
27.	libreta		33.	conjunta
28.	fechar
29.	efectivo
32.	incendio
34.	depositar
35.	préstamo
36.	abrir

Vertical:

1. peces
2. encanta
3. multa
4. motocicleta
6. ahorrar
7. gato
11. ocurrir
12. diccionario
14. prestar
15. plazos

K.
1. Estaciona su motocicleta frente a un hidrante.
2. Le va a poner una multa.
3. Va al Banco Nacional.
4. Tiene una cuenta corriente.
5. No tiene cuenta de ahorros.
6. Solicita un préstamo
7. Necesita 50.000 dólares.
8. Quiere el dinero para comprar una casa.
9. No, no le van a dar el préstamo.
10. Piensa solicitar una tarjeta de crédito.

Panorama hispánico

San Juan / Archipiélago de las Antillas Mayores / 3.500 millas cuadradas / El Viejo San Juan / El Morro y San Cristóbal / Ponce / España, África y los Estados Unidos / béisbol / Julia de Burgos

Hasta ahora... Una prueba (Lecciones 7 y 8)

A.
1. fueron / Fuimos / llevó / Almorzaste / almorcé / comieron / pedí / pidió
2. fuiste / fue / dio / aprendí / escribiste / consiguió / pedí
3. durmió / trabajé / llegué / sirvió / di

B.
1. Nos gusta ir a bailar.
2. Me gusta más estar en el décimo piso.
3. Les voy a mandar una tarjeta postal.
4. Hace cuatro años que lo conozco.
5. Puedo traértelo mañana.
6. Sí, yo puedo dárselas.
7. No, no se lo di.
8. Me la pidió anteayer.
9. Les voy a traer un ramo de rosas.
10. Le dimos una maleta.

C.
1. ascensor   elevador   escalera
2. desayuno   almuerzo   cena

3. maleta   equipaje   valija
4. maestro   hombre de negocios   contador
5. piscina   alberca   nadar
6. estacionar   parquear   aparcar
7. estar de vacaciones   viajar   tarjeta de turista
8. cuenta corriente   banco   cuenta de ahorros
9. bañadera   ducha   lavabo
10. confirmar   hacer reservación   cancelar
11. conejo   tortuga   mono
12. canal   televisor   pasar una película
13. clavel   margarita   pensamiento
14. con tarjeta de crédito   en efectivo con cheque de viajero
15. desafortunadamente   por desgracia desgraciadamente
16. ayer   anoche   anteayer

Un paso más (Lecciones 7 y 8)

1. Está en la playa.
2. Porque hay servicio de transporte desde el aeropuerto.
3. Tienen que llamar al número 465-39-27.
4. Sí, pueden mirar la tele.
5. Sí, puede llamar a alguien desde su cuarto.
6. No, no va a tener calor porque hay aire acondicionado.
7. Pueden alquilar tablas de mar, parasoles y bicicletas.
8. Sí, pueden comer en su cuarto porque hay servicio de habitación.

9. Sí, puede hacer ejercicio porque hay un gimnasio.
10. Puede comprar recuerdos en la tienda de regalos.

11. Puede nadar en la piscina.
12. Puede ponerlos en el refrigerador.

Lección 9

A. Tú te despiertas a las seis de la mañana y te levantas a las seis y cuarto. Te bañas, te lavas la cabeza, te afeitas y te vistes. A las siete y media te vas a trabajar. Trabajas hasta las cinco y luego vuelves a casa. No te preocupas si llegas tarde. Lees un rato y luego comes con tu familia. Siempre te acuestas a las diez pero no te duermes hasta las once porque miras las noticias.

Él se despierta a las seis de la mañana y se levanta a las seis y cuarto. Se baña, se lava la cabeza, se afeita y se viste. A las siete y media se va a trabajar. Trabaja hasta las cinco y luego vuelve a casa. No se preocupa si llega tarde. Lee un rato y luego come con su familia. Siempre se acuesta a las diez pero no se duerme hasta las once porque mira las noticias.

B. 1. tú / yo / -tigo / La / le / -migo
2. se / Nos / Yo me / Les / los
3. ti / Te / me / le / Se lo / Le
4. le / la / le / él
5. los / Nos / te / me / Lo

C. 1. lavarte las manos
2. La libertad / el dinero
3. las mujeres / los hombres
4. la camisa blanca
5. la cabeza
6. el vino / los refrescos
7. El Sr. Mena / la iglesia
8. los lunes / las nueve

D. 1. Sí, son mías.
2. Sí, es tuya.
3. Sí, son suyos.
4. Sí, es nuestro.
5. Sí, es suya.

E. 1. el tuyo
2. la de él
3. los míos
4. la nuestra
5. las mías
6. el suyo

F. 1. trajeron / trajimos / pusimos
2. hiciste / estuve
3. pudiste / tuve
4. vino / supe
5. pidió / quiso
6. dijeron / dijimos

7. condujiste / conduje
8. tradujeron / tradujimos

G. 1. Hace cuatro horas que ellos llegaron.
2. Hace cinco años que Jorge empezó a trabajar.
3. Hace cuatro días que mis hijos vinieron.
4. Hace quince minutos que Teresa me llamó.
5. Hace un mes que nosotros volvimos de Lima.

H. 1. ¿A qué hora te levantas generalmente? ¿A qué hora te acostaste anoche?
2. ¿Cuánto tiempo hace que su esposo falleció, Sra. López? ¿Cuándo vino Ud. a vivir con sus hijos?
3. ¿Trajiste el pescado? ¿Lo pusiste en el refrigerador?
4. Mi padre pasó su niñez en...
5. ¿Tú puedes bañarte y vestirte en veinte minutos?

I. Crucigrama

Horizontal:
3. naranja
5. festejar
8. acordarse
11. higiénico
13. carnicería
14. país
16. plátano
17. manera

Vertical:
1. temprano
2. mantequilla
4. aceite
6. panadería
7. melocotón
9. acostarse
10. contrabajo
12. farmacia
14. pescadería
15. zapatería

J. 1. Se levantó temprano.
2. No, no le gusta levantarse temprano.
3. Se lavó la cabeza con el champú Prell.
4. Fue a la tienda La Elegante.
5. Le compró un regalo.
6. Volvió a las once.

7. Compró una revista.
8. Almorzó con Julia.
9. No, pasó la aspiradora.
10. Se llama Chispa.
11. Fue para darle el regalo.
12. Se acostó a las diez y media.

Para leer
1. Siempre te levantas temprano porque tienes que estar en la universidad a las ocho de la mañana.
2. Te despiertas a las seis y media.
3. Desayunas.
4. Estudias.
5. Sales para la universidad a las siete y media.
6. No llegas tarde porque tu profesor de matemáticas es muy estricto.
7. Tienes clases todas las mañanas.
8. Vas a la biblioteca a estudiar.
9. A veces te duermes leyendo algunos de tus libros.

10. Vuelves a casa a las cinco.
11. Te desvistes, te quitas los zapatos y duermes un rato.
12. Cocinas algo para la cena, estudias y después miras las noticias.
13. Te acuestas a las once y media.
14. Vas a una discoteca a bailar.

Panorama hispánico
Cuba: La Habana / azúcar, níquel, tabaco y frutas / el turismo y el dinero que los cubanos que viven en el extranjero les envían a sus familiares / El Morro y La Cabaña / Celia Cruz (1924-2003), Gloria Estefan y Jon Secada / el béisbol / Liván y Orlando Hernández / Cabrera Infante, Zoe Valdés y Daina Chaviano

República Dominicana: Santo Domingo / Haití / la agricultura / La Romana y Puerto Plata / el merengue / el béisbol / Sammy Sosa / Catedral de Santa María la Menor

Lección 10

A. 1. —, prestaba, prestabas, prestaba, prestábamos, prestaban
2. terminar, —, terminabas, terminaba, terminábamos, terminaban
3. devolver, devolvía, —, devolvía, devolvíamos, devolvían
4. nadar, nadaba, nadabas, —, nadábamos, nadaban
5. leer, leía, leías, leía, —, leían
6. salir, salía, salías, salía, salíamos, —

B. 1. eras / ibas / veías
2. era / iba / veía
3. éramos / íbamos / veíamos
4. eran / iban / veían

C. éramos / vivíamos / íbamos / gustaba / pasábamos / vivían / veíamos / visitábamos / comíamos / cocinaba / viajaba / traía / volvía

D. 1. fui
2. iba / vi
3. estuvo
4. estaba
5. fui
6. iba
7. dijo / necesitaba
8. Eran / llegó

E. era / vivía / iba / tenía / decidieron / sabía / dijo / era / aprendió / pasó / estuvieron

F. *Answers will vary:* Possible questions:
1. ¿Dónde vivía Eva cuando era niña?

2. ¿Adónde iba todos los fines de semana?
3. ¿Qué decidieron sus padres cuando Eva tenía doce años?
4. ¿Eva sabía nadar?
5. ¿Qué le dijo su papá?
6. ¿En cuánto tiempo aprendió a nadar Eva?
7. ¿Cómo lo pasó Eva?
8. ¿Cuánto tiempo estuvieron Eva y su familia en la isla Margarita?

G. conocías / conocí / sabías / supe / quiso / quería

H. que / que / que / quienes / quien / que

I. 1. Sr. Mendoza, ¿dónde vivía Ud. cuando era niño? ¿Qué le gustaba hacer con sus amigos?
2. ¿Qué hora era cuando tú llegaste a tu casa ayer?
3. ¿El alquiler incluye la electricidad, el agua y el teléfono? ¿Hay algún apartamento desocupado en el tercer piso?
4. Necesito un tocador, una mesita de noche y una mesa de centro porque el apartamento no está amueblado.

J. **Crucigrama**

Horizontal:
4. amueblado
5. cerca
6. almohada
7. pensión
11. automóvil
12. invitado

13. criada
14. centro
15. saco
16. mudarse
19. subterráneo
20. calefacción
21. salón
25. edificio
27. secadora
28. vecindad
29. muebles

Vertical:
1. cartera
2. ventilador
3. alquilar
8. electricidad
9. plancha
10. cortinas
17. solamente
18. butaca
22. avisar

23. horno
24. quejarse
26. cafetera

K.
1. Están en el salón de estar.
2. Hay un sofá y una butaca (un sillón).
3. Tiene aire acondicionado.
4. No, porque la sala tiene aire acondicionado.
5. Hay cortinas en la ventana.
6. Sí, tiene alfombra.
7. Busca un barrio elegante.
8. Quiere cinco dormitorios.
9. Porque no tiene automóvil.
10. Tenía una criada.

Panorama hispánico
Caracas / Maracaibo, Valencia y Barquisimeto / Más de 350.000 millas cuadradas (Dos veces el área de California) / Más de 23 millones de habitantes / Petróleo / Maracaibo / El Salto Ángel / Simón Bolívar / Rómulo Gallegos / Joropo

Hasta ahora... Una prueba (Lecciones 9 y 10)

A.
1. era / llegaste / Eran / traje / puse / vino / quiso / pudo / tuvo
2. vivían / eran / íbamos / veíamos / pasábamos / conociste / era
3. dijo / necesitaba / viste/ venía / sabía / conocías / hiciste / me acosté / estaba

B.
1. que
2. los míos / los tuyos
3. nos dormimos
4. te preocupas / no se siente bien
5. te lavaste las manos
6. se quitaron el abrigo
7. la iglesia / los domingos
8. Las mujeres / los hombres
9. hace cuatro años
10. con quien

C.
1. manzanas   uvas   naranjas

2. mueble   cómoda   tocador
3. mar   isla   palma
4. carro   coche   automóvil
5. almohada   sábana   funda
6. violín   contrabajo   clarinete
7. carnicería   pescadería   panadería
8. mudarse   vecindad   barrio
9. bañarse   vestirse   lavarse la cabeza
10. quitarse   probarse   ponerse
11. apio   repollo   lechuga
12. joyería   zapatería   ferretería
13. juventud   infancia   adolescente
14. fiesta   celebrar   festejar
15. secadora   plancha   lavadora
16. levantarse   despertarse   acostarse
17. licuadora   cafetera   tostadora
18. calefacción   aire acondicionado   ventilador

Un paso más... (Lecciones 9 y 10)

A.
1. No, porque está cerca del metro.
2. Porque es un apartamento sin amueblar.
3. No, la cocina está totalmente equipada.
4. Porque tiene lavadora y secadora.
5. No, el apartamento tiene aire acondicionado.
6. Puedo llamar por teléfono.
7. Son apartamentos de lujo (*luxury*).
8. Están en un barrio elegante.
9. No, algunos tienen vista a la piscina.
10. No, porque están amueblados.
11. Porque tienen piscina.
12. No, la cocina está completamente equipada.
13. Porque hay lugar para parquear.
14. No están incluidos ni la electricidad ni el teléfono.

B. *Answers will vary.*

Lección 11

A. 2. estudie, estudies, estudie, estudiemos, estudien
4. beba, bebas, beba, bebamos, beban
6. reciba, recibas, reciba, recibamos, reciban
7. —, hagas, haga, hagamos, hagan
8. diga, —, diga, digamos, digan
9. entienda, entiendas, —, entendamos, entiendan
10. vuelva, vuelvas, vuelva, —, vuelvan
11. sugiera, sugieras, sugiera, sugiramos, —
12. duerma, duermas, duerma, —, duerman
13. mienta, mientas, mienta, mintamos, —
14. —, busques, busque, busquemos, busquen
15. pesque, pesques, pesque, pesquemos, pesquen
16. dé, —, dé, demos, den
17. esté, estés, —, estemos, estén
18. vaya, vayas, vaya, —, vayan
19. sea, seas, sea, seamos, —
20. —, sepas, sepa, sepamos, sepan

B. 2. Yo quiero que — aprendas.
3. — quieres que él salga.
4. Ella quiere que nosotros —.
5. Nosotros queremos que — venga.
6. — quieren que ellos entiendan.
7. Ellos quieren que — recordemos.
8. — quieren que nosotros estudiemos.
9. Ellos quieren que nosotros —.
10. — quiere que nosotros mintamos.
11. Yo quiero que — camines.
12. Ellos quieren que — esperen.
13. Ella quiere que él trabaje.
14. Nosotros queremos que ellos vayan.

C. 1. vaya / compre
2. lleve / recoja
3. saquemos / paguemos
4. pidan / traigan
5. compre / se los dé
6. hagamos

D. 1. pidas / den
2. poder / vayas / reserves / sea
3. firmar
4. tengamos / tener / vayas / ayudes
5. ir / vaya / puedas
6. lavar / laves / lleves / poder
7. hagamos / hagan
8. esté / tener
9. hospede / vayas
10. vengan / podamos

E. 1. Quiero un pasaje de ida y vuelta a Bogotá.
2. ¿Quieres un asiento de ventanilla o de pasillo?
3. Quiero un vuelo directo a Bogotá.
4. Facturé el equipaje y tuve que pagar exceso de equipaje.
5. Te sugiero que viajes en tren o en barco.

F. Crucigrama

Horizontal:
2. billete
4. agencia
6. quedarse
7. crucero
9. continente
10. embarque
11. viajero
12. madrina
14. planear
15. salida
16. parte
18. hospedarse
20. aerolínea
21. retraso

Vertical:
1. vuelta
3. luna
5. excelente
8. prometida
13. azafata
14. pasillo
17. escala
19. exceso

G. 1. Están en la agencia de viajes Ameritour.
2. Cuatro agentes de viaje trabajan en la agencia.
3. Silvia quiere viajar a Lima.
4. Va a viajar en avión.
5. Puede viajar el 4 de marzo.
6. Cuesta $300.
7. Hay vuelos los martes, jueves y sábados.
8. Quiere viajar a la capital de Paraguay.
9. Quiere viajar en tren.
10. Hay tren los lunes y miércoles.
11. Quiere viajar a Rosario.
12. Sí, va con alguien. Lo sé porque compra dos pasajes.
13. No, va a comprar un pasaje de ida y vuelta.
14. Reserva un asiento de ventanilla en la sección de no fumar.

Para leer

1. Planean ir de vacaciones en agosto.
2. Quiere viajar a España.
3. Viven en Sevilla.
4. Hace tres años que no los ve.
5. No, Marisol quiere ir a Canadá.
6. Quiere visitar Montreal, Toronto y Quebec.
7. Quiere pasar dos semanas en Canadá
8. Rubén convence a Marisol.
9. No, van a viajar en primera clase.
10. Reservan un asiento de ventanilla y uno de pasillo.
11. Les escribe una carta a sus padres.
12. Van a llegar el 13 de agosto.

Panorama hispánico

Bogotá / Café, bananas, flores y petróleo / noventa por ciento / La cumbia y el vallenato / El fútbol / Jorge Isaac / Gabriel García Márquez / Fernando Botero / Avianca / Museo del Oro

Lección 12

A. 2. camine, caminen
4. beba, beban
6. salga , salgan
8. haga, hagan
10. esté, estén
12. comience, comiencen
13. pida, pidan
14. cuente, cuenten
15. —, vayan
16. sea, —

B. 1. Esté en la oficina a las siete.
2. Traduzca las cartas y llévelas al correo.
3. Vaya al banco y deposite los cheques.
4. Dígale al Sr. Díaz que el lunes hay una reunión.
5. Ponga los documentos en mi escritorio. No se los dé a la Srta. Valdés.
6. Mándele un fax al Sr. Uribe o llámelo por teléfono para que venga el lunes.
7. Quédese en la oficina hasta las cinco.

C. 1. Salgan ahora.
2. Tomen el autobús #40.
3. Sigan derecho.
4. Estén a las cuatro.
5. Llamen al Sr. Paz.
6. Díganle que lo necesito.
7. No, no se lo presten.
8. No, no se lo compren.

D. 1. podemos / sea / puede / valga
2. tienes / esté / cierren / cierran
3. es / sea
4. es / vale

E. 1. Se abren a las diez.
2. Se cierra a las seis.
3. Se dice *tow truck*.
4. Se come pollo.
5. Se venden en la calle Quinta.

F. 1. Quiero un coche compacto de dos puertas, de cambios mecánicos.
2. Mi coche no arranca. Necesito llamar una grúa. También necesito una batería nueva (un acumulador nuevo).
3. Mi coche me cuesta un ojo de la cara porque se descompone a menudo.
4. ¿A qué hora se abre la peluquería (el salón de belleza)? Yo necesito un corte de pelo.
5. La velocidad máxima en la autopista es de sesenta y cinco millas por hora.

G. Crucigrama

Horizontal:
5. descompuesto
7. caminar
10. frecuentemente
11. gato
13. celular
15. vacío
17. avenida
19. licencia
21. izquierda
22. doblar
24. compacto
26. mecánico
27. repuesto
29. bolsas
30. vale

Vertical:
1. correo
2. peluquería
3. ojo
4. mecánicos
6. corte
8. automático
9. velocidad
12. dudar
14. gasolinera
16. acumulador
18. remolcador
20. frenos
23. abierto
25. partes
28. taller

H. (A)
1. Está en el taller de mecánica.
2. Se llama Taller Salgado.
3. Levantó el capó.
4. Cree que necesita piezas de repuesto.
5. No, no cree que las tenga en el taller.
6. Cree que puede recibirlas el viernes.
7. Sí, yo creo que Carlos piensa que le va a costar un ojo de la cara.

(B)
1. Necesita gasolina.
2. Porque el tanque del coche está casi vacío.

3. Cuesta un dólar sesenta y cinco centavos.
4. Necesita cambiar una llanta.
5. No tiene gato.

Panorama hispánico
Perú: Lima / Unos 28 millones / Nuevo sol / La industria pesquera / La industria minera y la industria textil / La llama, la alpaca y la vicuña / Cuzco y Machu Picchu / La universidad de San Marcos

Ecuador: Quito / Las islas Galápagos / Unos 13,5 millones de habitantes / La producción de madera, petróleo y pescado / El dólar americano / La Mitad del Mundo / Otavalo

Hasta ahora... Una prueba (Lecciones 11 y 12)

A. 1. viajar / gastar / viajen / vayan / sea
2. vaya / pidas / pueda /
3. compre / sea / prefiere / cueste / gaste / puedan
4. lleve / lleves / sea / cobran / cobran

B. 1. vaya / Vaya / compre
2. vengamos / Estén / sean
3. no se los den a / Dénselos
4. No niego / gasto / pero no es verdad / lo haga
5. los bancos se abren / se abren / A qué hora se abre / Se abre

C. 1. excelente buenísimo magnífico
2. avión barco tren

3. hotel hospedaje pensión
4. padrino ahijado madrina
5. pasaje billete boleto
6. acumulador batería arrancar
7. turista viajero vuelo
8. peluquería salón de belleza corte de pelo
9. automóvil automático de cambios mecánicos
10. avenida calle autopista
11. gasolina estación de servicio gasolinera
12. neumático llanta gato
13. grúa remolcador descomponerse
14. taller de mecánica mecánico arreglo
15. caminar ir a pie correr

Un paso más (Lecciones 11 y 12)

A. 1. Se llama Renta Autos Perú.
2. *Answers will vary.*
3. No, porque es muy pequeño.
4. Son muy bajos.
5. Sí, porque la compañía tiene oficinas en todos los aeropuertos del país.
6. Porque tienen dos bolsas de aire.
7. No, los precios son sin límite de kilómetros.

8. Sí, puede dejarlo en cualquier lugar.
9. No, no tiene que pagar extra por este servicio.
10. Debe llenar el tanque.
11. Puede hacer la reservación por teléfono o en cualquier agencia de la compañía.
12. Debe llamar al teléfono 453-4532.

B. *Answers will vary.*

Lección 13

A. 1. habla / no hables
2. come / no comas
3. escribe / no escribas
4. hazlo / no lo hagas
5. ven / no vengas
6. báñate / no te bañes
7. aféitate / no te afeites
8. duérmete / no te duermas
9. póntelo / no te lo pongas

10. ve / no vayas
11. sé / no seas
12. véndemelo / no me lo vendas
13. levántate / no te levantes
14. ten / no tengas
15. sal / no salgas
16. díselo / no se lo digas

B. 1. Ve con Aurora.
2. Cómprales calcetines.

3. Tráeme una billetera.
4. Dáselas a Nora.
5. No, no se los des a José.
6. Pruébate el vestido amarillo.
7. Ponte el abrigo verde.
8. No, no vayas ahora.
9. No, no las pongas en la cama.
10. No, no se lo digas a Rita.
11. Haz pollo a la parrilla.
12. Ven a las siete.

C. 1. Come un sándwich.
2. Estudia.
3. No se lo des.
4. Siéntate en la silla.
5. Ve a la joyería.
6. Ven esta noche.
7. Llámala mañana.
8. Ponte el vestido negro.
9. Pídeselos.
10. Acuéstate.

D. 1. ¿Cuál es tu apellido?
2. ¿Cuál es tu número de teléfono?
3. ¿Qué es un pasaporte?
4. ¿Cuál es tu dirección?
5. ¿Cuál es tu número de seguro social?
6. ¿Qué es el polo?

E. 1. restaurante donde sirven comida mexicana.
2. restaurante donde sirvan comida mexicana?
3. que habla inglés.
4. empleada que hable inglés.
5. es de España.
6. sea de España.
7. que quiere comprarlo.
8. quiera comprarlo.

F. 1. haga / hacen
2. pueda / sea / tienen
3. tenga / tiene
4. sepa / hablan / necesite

G. 1. No tengo nada que ponerme. ¿Quieres ir de compras conmigo?
2. ¿Dónde está el probador? ¿Tienen pantalones azules en talla mediana?
3. Ve a la tienda y devuelve la camisa que me regalaste porque me queda chica.
4. ¿Hay una librería que venda libros en español?
5. No te preocupes.

H. Crucigrama

Horizontal:
2. comercial
6. ponerme
7. vidrieras

8. hermanita
9. librería
12. pantimedias
16. angosto
17. medida
19. corbata
21. caballeros
23. menos
25. hilo
26. liquidación

Vertical:
1. probador
2. cuero
3. interior
4. departamentos
5. preciosa
10. blusa
11. zapatos
13. mediana
14. combina
15. vestido
18. marca
20. billetera
22. algodón
24. camión

I. 1. Se va a probar un vestido.
2. Sí, está en liquidación.
3. Da un descuento del cincuenta por ciento.
4. Le quiere comprar una camisa y una corbata.
5. Quiere comprar pantimedias y ropa interior.
6. Lleva un par de botas.
7. Calza el número nueve.
8. No, no le van a quedar bien.
9. Le van a quedar chicos.
10. Sí, creo que son de buena calidad.
11. No, no piensa comprarlas.
12. Se llama La Elegancia.

Para leer
1. Les mandó un mensaje electrónico.
2. Estuvieron limpiando y arreglando su apartamento.
3. Fue de compras.
4. Tenían una gran liquidación.
5. Le compró unos pañuelos y una corbata.
6. Compró una blusa rosada.
7. Sí, le compró una billetera.
8. Porque quiere que sea una sorpresa.
9. Va a pasar las vacaciones en la casa de los padres de su novia.
10. Está buscando a alguien que lo lleve en coche a Viña del Mar en diciembre.
11. Quiere que le diga que le escriba o lo llame por teléfono.
12. Va a ver a toda la familia en diciembre.

Panorama hispánico
Santiago / Unos 16 millones / la Suiza de América del Sur / Noventa y cinco por ciento / Minerales, productos agrícolas , pescados y mariscos, y productos industriales. / Viña del Mar / Pablo Neruda y Gabriela Mistral / Isabel Allende

Lección 14

A. 1. te gradúes / digan
2. lleguen / llegamos / vuelve
3. me olvido / consigamos
4. veas / mandan

B. 1. pueda
2. me lleven / me dé
3. vengan / puedan / venga
4. traiga / me des
5. tomes

C. 1. spoken
2. usado
3. learned
4. escrito
5. received
6. muerto
7. compared
8. devuelto
9. insisted
10. visto
11. proposed
12. roto
13. finished
14. hecho
15. registered
16. dicho
17. delivered
18. abierto
19. maintained
20. puesto
21. been
22. cubierto

D. 1. El sofá está cubierto.
2. Los niños están dormidos.
3. La puerta está abierta.
4. Los libros están cerrados.
5. La carta está escrita en español.
6. La ventana está rota.
7. Los hombres están parados en la esquina.
8. La mujer está sentada.
9. El baño está ocupado.

E. 1. Rosalía se ha graduado.
2. Carlos y Amalia han decidido mudarse.
3. Graciela no ha hecho nada.
4. Yo he escrito un informe.
5. Ernesto ha vuelto de su viaje a Argentina.
6. Gerardo ha roto con su novia.
7. Ada y yo hemos visto varios apartamentos.
8. Olga y Luis han hablado con su consejero.
9. Gustavo ha leído dos novelas.
10. El Sr. Paz ha abierto un restaurante.

F. 1. Yo nunca había hecho un crucero.
2. Fernando y Esperanza nunca habían ido a México.
3. Tú nunca habías visto las pirámides de Egipto.
4. Amalia y yo nunca habíamos comido comida griega.
5. Alberto nunca había escalado montañas.
6. Tú y Elba nunca habían viajado por el Nilo.
7. Claudia nunca se había hospedado en un castillo.
8. Mirta y Susana nunca habían estado en Buenos Aires.

G. 1. ¿Tú has tomado todos los requisitos?
2. ¿Qué tengo que decirle al plomero cuando venga esta tarde?
3. Deja la puerta abierta para que el electricista pueda entrar.
4. ¿Has decidido cuál va a ser tu especialización?
5. Voy a estudiar para mi clase de física en caso de que el profesor nos dé un examen mañana. No quiero quedar suspendido(a).
6. ¿Tú habías tomado contabilidad y administración de empresas antes de venir a esta universidad?

H. Crucigrama

Horizontal:
4. terminar
6. futuro
7. administración
9. nota
10. tomar
11. sentado
13. magnífico
15. horario
16. cocinero
18. universitario
20. título
22. graduarse
23. tal
24. edad
25. escritor

Vertical:
1. beca
2. gimnasio
3. educación
5. bibliotecario
8. suspendido
12. promedio
14. asignatura
17. requisito
19. sociología
21. vendedor

I. 1. Teme recibir una "F".
2. No, no cree que Andrés quede suspendido.
3. Espera que ella estudie administración de empresas.
4. Quiere estudiar periodismo.

5. Cree que Lola se va a graduar.
6. Va a ir a Europa.
7. Cree que va a sacar una "B".
8. No, no creo que le guste la literatura.
9. No, no creo que estudie mucho.
10. Tiene que mantener un promedio de "A".
11. Creo que va a estudiar porque mañana tiene un examen parcial.

Panorama hispánico

Buenos Aires / Octavo / Unos 37 millones / Italianos, alemanes, ingleses y españoles / Exportación de carne y de cereales / la industria y el sector de servicios / El tango / El París de Suramérica / Avenida 9 de Julio / el Museo de Bellas Artes, el Teatro Colón / la calle Florida / el barrio de la Boca

Hasta ahora... Una prueba (Lecciones 13 y 14)

A. 1. haga / hace
2. venda / venden
3. llegues / llegue / llego / vienen
4. vayan / quieran
5. me manden / recibas
6. vea / hables / empiecen

B. 1. está abierta / está cerrada
2. estaba escrita / Estaba escrita
3. has visto / lo he visto / me han dicho
4. habías estado / había estado
5. ven / hazme / pon / ve / dile
6. cuál es / cuál es /
7. qué es

C. 1. blusa falda vestido

2. botas zapatos calzar
3. almacén tienda centro comercial
4. librería libro leer
5. liquidación ganga rebaja
6. ancho estrecho angosto
7. grande mediano pequeño
8. biología física química
9. carpintero plomero electricista
10. de rayas de cuadros de lunares
11. nota quedar suspendido promedio
12. rayón seda algodón
13. arquitecto ingeniero abogado
14. precioso bonito hermoso
15. aretes collar anillo

Un paso más (Lecciones 13 y 14)

A. 1. Se llama Universidad Central.
2. En la avenida 9 de Julio No. 564
3. Se ofrecen en el verano.
4. De lunes a jueves.
5. Puede matricularse de 8 a 12 y de 2 a 5.
6. No, solamente puede ir de lunes a jueves.

7. Puede tomar biología, física y química.
8. Periodismo, idiomas y sociología.
9. Necesita un promedio de "B" o más.
10. No, debe haber aprobado todos los cursos regulares.

B. *Answers will vary.*

Lección 15

A. 1. sacaré sacarás sacará sacaremos sacarán
2. — dirás dirá diremos dirán
3. haré — hará haremos harán
4. querré querrás — querremos querrán
5. sabré sabrás sabrá — sabrán
6. podré podrás podrá podremos —

7. — cabrás cabrá cabremos cabrán
8. pondré — pondrá pondremos pondrán
9. vendré vendrás — vendremos vendrán
10. tendré tendrás tendrá — tendrán
11. saldré saldrás saldrá saldremos —
12. — valdrás valdrá valdremos valdrán

13. iré — irá iremos irán
14. seré serás — seremos serán

B. 1. Hablaré con él mañana.
   2. Iremos la semana próxima.
   3. Lo sabré esta tarde.
   4. Podrá venir esta noche.
   5. Las pondré en tu cuarto.
   6. Vendré con David.
   7. Sí, los traeremos.
   8. Tendrán que comprar el remedio.
   9. La pondré en el coche.
   10. Saldremos a las seis.

C. 1. Dije que iría a la sala de emergencia.
   2. Dijo que descansaría mañana.
   3. Dijimos que saldríamos temprano.
   4. Dijiste que me traerías un cafecito.
   5. Dijeron que me prestarían dinero.
   6. Dijo que le pondría una inyección al niño.
   7. Dijeron que irían a Asunción.
   8. Dije que tendría que llamar una ambulancia.
   9. Dijeron que ustedes no sabrían el resultado del análisis.
   10. Dijo que no podría vernos hoy.

D. 1. me levantaría / me acostaría / Iría / estudiaría / Saldría / pasaría
   2. trabajarían / se divertirían / Tendrían / harían
   3. ahorraríamos / podríamos
   4. mantendrías / conseguirías / te graduarías

E. 1. habremos limpiado
   2. habrá ido
   3. habré vuelto
   4. habrán hecho
   5. habrás hablado
   6. habrán preparado
   7. habremos cenado
   8. se habrán acostado

F. 2. habrías caminado.
   3. Él habría
   4. habría trabajado
   5. Nosotros... terminado.
   6. Yo habría
   7. Ellos habrían
   8. Yo... bailado
   9. habrías llamado.
   10. Él.... escrito.
   11. habría conducido (manejado)
   12. Nosotros... comido.
   13. Ellos habrían

G. 1. habría tomado
   2. habrías solicitado
   3. habría jugado
   4. habría aprendido

   5. habría estudiado
   6. habríamos ido
   7. habrían gastado
   8. habría mantenido

H. 1. está / encuentro / sé / pones / puedes / tengo
   2. fuiste / pude / tuve / hiciste / trabajé / volví
   3. iban / estaban / éramos / veíamos / prefería
   4. harás / Irás / podré / tendré
   5. tomaría / Esperaría /tendría / sería
   6. has estado / He estado / han venido / han hecho / hemos hecho
   7. habían venido / había llamado
   8. me habré graduado / habrán terminado / habremos empezado
   9. habría tomado / habríamos tomado / habrían hecho / Habríamos tomado

I. 1. la nariz
   2. la oreja
   3. el oído
   4. la boca
   5. el cuello (la garganta)
   6. los dientes
   7. la lengua
   8. el ojo
   9. el pecho
   10. el estómago
   11. los dedos
   12. la rodilla
   13. la mano
   14. los dedos del pie
   15. el pie
   16. el brazo
   17. la espalda
   18. la cabeza

J. 1. enfermera
   2. alérgico
   3. temperatura
   4. aspirina
   5. recetó
   6. ambulancia
   7. penicilina
   8. médico
   9. accidente
   10. sala
   11. ojos
   12. rayos
   13. dolor

Proverbio: El tiempo es oro.

K. 1. ¿Te gustaría vivir en una casa colonial, con árboles frutales y un jardín enorme?
   2. ¿Qué tendrás que hacer mañana? Yo tendré que ir al médico porque no me siento bien.
   3. Me duele la garganta, me duele la cabeza y toso (estoy tosiendo) mucho.

4. ¿Te habrás acostado para las diez?
5. Mi familia y yo habríamos ido a...
6. Espero que te mejores pronto.

L. Crucigrama

Horizontal:
3. ojos
6. abeja
9. ambulancia
10. remedio
12. antibiótico
14. antitetánica
16. enorme
18. frutales
20. consultorio
21. embarazada
22. merendar
23. ruedas
24. fiebre

Vertical:
1. lengua
2. rodilla
4. chequeo
5. catarro
7. radiografía
8. lástima
11. dedos
12. aspirinas
13. quebrarse
15. perfectamente
17. mejorarse
19. dientes

M. 1. Le duele la cabeza.
2. Tomó seis aspirinas.
3. No, no se siente mejor.
4. Se cortó el pie.

5. Le van a tener que poner (Van a tener que ponerle) una inyección (antitetánica).
6. Hace tres años.
7. Lo trajeron en una ambulancia.
8. Lo llevan a la sala de rayos **X**.
9. No, no se siente bien.
10. Sí, está embarazada.
11. Es alérgica a la penicilina.

Para leer
1. No, fue un desastre.
2. No se sentía bien y le dolía la garganta.
3. Su médico es el doctor Medina.
4. Porque su médico no estaba.
5. Llegó a eso de las nueve.
6. Estuvo allí hasta las once.
7. Le recetó un antibiótico.
8. Le dijo que tenía gripe y que tenía que descansar.
9. Dio un examen.
10. No pudo ir a la fiesta de Juliana.
11. Tomó té con miel de abeja.
12. Llamó para decirle que Carlos estaba en la fiesta con Marisol.
13. Habría ido a la fiesta.
14. Porque tiene una temperatura de 39 grados.
15. Tendrá que llamarlo para decirle que está enferma.
16. Porque para entonces ya se habrá curado.
17. No, no piensa invitarla.
18. Porque todavía le duele la cabeza.

Panorama hispánico
Paraguay: Asunción / Seis millones / Español y guaraní / Itaipú / Los ríos / agua grande

Bolivia: La Paz y Sucre / Santa Cruz de la Sierra / Oruro y Potosí / Titicaca / Quechua y aymará / Tibet de América / Tiahuanaco

Lección 16

A. 2. —, acampara, acamparas, —, acampáramos —
3. cerrara, —, cerrara, —, cerraran
4. volviera, volvieras, —, volviéramos, —
5. pidiera, pidieras, pidiera, pidiéramos, —
6. —, consiguieras, consiguiera, consiguiéramos, consiguieran
7. tuviera, tuvieras, —, tuviéramos, tuvieran
8. pudiera, pudieras, pudiera, —, pudieran
9. hiciera, —, hiciera, hiciéramos, —
10. —, vinieras, —, viniéramos, vinieran
11. trajera, trajeras, trajera, —, trajeran
12. pusiera, —, pusiera, pusiéramos, pusieran
13. —, dijeras, dijera, dijéramos, —
14. fuera, —, fuera, —, fueran

15. diera, dieras, —, diéramos, dieran
16. quisiera, —, quisiera, quisiéramos, quisieran
17. supiera, supieras, —, supiéramos, supieran

B. 1. que tú fueras al estadio.
2. que compraras las entradas hoy.
3. que llamaras a Rodolfo para que fuera contigo a acampar.
4. que nosotros pudiéramos ir con Uds. a la playa.
5. necesario que trajeran las raquetas.
6. algún deporte que te gustara.
7. que hubiera nadie que pudiera armar la tienda de campaña.
8. a alguien que supiera hacer un asado.
9. que ella no tuviera el traje de baño aquí.

10. que los llamaras y les dijeras que vinieran a la cabaña.
11. de que no estuvieras aburrida.
12. que Raúl no fuera el campeón.

C. 1. A mí me dijo que no jugara al golf.
2. A mi hermana le dijo que no fuera a esquiar.
3. A ti te dijo que hicieras las camas.
4. A nosotros nos dijo que volviéramos temprano.
5. A Uds. les dijo que empezaran a cocinar.
6. A ella le dijo que no montara a caballo.
7. A Ud. le dijo que sirviera el desayuno.
8. A él le dijo que la dejara tranquila.

D. 1. A / a / a / en
2. de / de / A / a / de
3. a / a / a
4. a / a
5. en / en

E. 1. te hayas divertido / hayas ganado / se haya aburrido
2. hayan ido / se hayan bronceado / hayan tenido
3. hayamos pasado / haya llevado

F. 1. ¿Te gustaría ir a la cabaña de mis padres conmigo? Está a nuestra disposición.
2. Este fin de semana me caí en el lago y casi me ahogo.
3. Carlos está enamorado. La muchacha (chica) es muy bonita y no es nada orgullosa.
4. ¿Quieres ser salvavidas? Puedes tomar el sol y broncearte.
5. El fin de semana fui a pescar y a acampar, y tuve un picnic con mis amigos.

G. Crucigrama

Horizontal:
3. broncearme
6. raqueta
7. oeste
9. salvavidas
11. tabla
12. traje
15. escalar
16. acuático
17. estadio

21. entradas
22. bicicleta
24. libre
25. ganar
26. disposición

Vertical:
1. montar
2. campo
4. esquiar
5. pescar
8. escopeta
10. aburrirse
13. campaña
14. millonario
18. norte
19. remar
20. palos
23. infantes

H. 1. Sí, creo que a estas personas les gustan las actividades al aire libre.
2. No, quiere montar a caballo.
3. Va a necesitar una escopeta para ir a cazar.
4. Están planeando sus vacaciones. No, no quieren ir al mismo lugar.
5. No le gusta ir de pesca.
6. Prefiere ir a la playa (tomar el sol).
7. Prefiere acampar.
8. Van a necesitar una tienda de campaña.
9. Creo que le gusta esquiar.
10. Creo que se va a divertir. (Creo que va a divertirse.)
11. Creo que van a pasar sus vacaciones en Arizona.
12. No, van a ir a una cabaña.

Panorama hispánico
Uruguay: Montevideo / República Oriental del Uruguay / 3 millones / La agricultura y la ganadería / Mate / Fútbol / Punta del Este

Brasil: Brasilia / portugués / Chile y Ecuador / Café / Río de Janeiro y Sao Paulo / Los carnavales / Ipanema y Copacabana / el Cristo del Corcovado, el Pan de Azúcar, las Cataratas de Iguazú y los viajes al Amazonas

Hasta ahora... Una prueba (Lecciones 15 y 16)

A. 1. harán / Iremos / pescaremos / haremos / compraremos / saldremos / Iremos / haremos / tomaremos / podremos / tendremos /
2. vendría / podría
3. saldrían / volverían

4. jugaría / Iría / usaría

B. 1. habrás terminado (habrán terminado) / habré vuelto (habremos vuelto)
2. habría llamado
3. Yo habría salido / habríamos ido

4. a tu mamá / en casa
5. de ojos verdes / de su familia
6. en el hotel / a las tres de la tarde / en avión
7. no haya podido / haya estado enfermo

C. 1. nadar   bucear   hacer surfing
   2. consultorio   médico   recetar
   3. catarro   resfrío   resfriado
   4. fiebre   temperatura   grado
   5. enyesar   quebrarse   romperse
   6. empeorarse   curarse   mejorarse

7. toser   miel de abeja   tos
8. vólibol   estadio   fútbol
9. acampar   armar   tienda de campaña
10. canoa   lago   remar
11. tobillo   pierna   pie
12. tomar el sol   playa   broncearse
13. accidente   emergencia   ambulancia
14. norte   oeste   sur
15. cara   boca   ojos

Un paso más (Lecciones 15 y 16)

A. 1. Clínica La Benéfica. Está en la calle Palma No. 645.
   2. En enfermedades del corazón, de los pulmones y del estómago.
   3. Sí, puede ir a ver al médico especializado en problemas del embarazo.
   4. Sí, porque tienen médicos especializados en fracturas.
   5. No, porque los consultorios no están abiertos los sábados.
   6. Sí, porque tienen sala de rayos X y también tienen laboratorio.

7. Porque la clínica tiene farmacia.
8. Sí, porque en la clínica hay una sala de emergencia.
9. Pueden transportarte en una ambulancia de la clínica.
10. Sí, en la clínica aceptan todo tipo de seguros.
11. Sí, en la clínica tienen servicio de enfermeras a domicilio.
12. No, hay amplio espacio de estacionamiento.

B. *Answers will vary.*

Lección 17

A. 2. — que — hubieras ido.
   3. — que — hubieran terminado.
   4. Dudaba que ella hubiera —.
   5. Temía(s) que ella — vuelto.
   6. — que ella lo hubiera hecho.
   7. No creí que — hubieras salido.
   8. Sentíamos que — hubieran salido.
   9. Esperaba que ella hubiera aprendido.
   10. — que Rosa hubiera ido a Madrid.
   11. —que el carro hubiera arrancado.
   12. Ud. no creía (Tú no creías) que nosotros hubiéramos dicho eso.

B. 1. ellos me hubieran ofrecido el puesto.
   2. la jefa de personal no me hubiera entrevistado.
   3. nosotros hubiéramos tenido que darle un aumento de sueldo.
   4. ella hubiera terminado la entrevista.
   5. tú hubieras gastado una fortuna en equipos electrónicos.
   6. ustedes hubieran desempeñado varios puestos.
   7. los empleados no hubieran estado de acuerdo con el supervisor.
   8. el Sr. Barrios hubiera estado encargado de la sección de compras.

C. 1. Si tuviera tiempo, jugaría al fútbol.
   2. Si estuviera de vacaciones, nadaría.
   3. Si tuvieran hambre, comerían.
   4. Si no tuvieras que trabajar, dormirías.
   5. Si fueran a la fiesta, bailarían.
   6. Si no fuera sábado, él iría a la escuela.

D. 1. Si el coche está descompuesto, lo arreglaremos.
   2. Si quieren hamburguesas, irán a McDonald's.
   3. Si está enferma, irá al médico (al hospital).
   4. Si tienes el periódico, lo leerás.
   5. Si pasa por aquí, lo tomarán.

E. 1. solicitar / solicites
   2. comprar / compre
   3. escribamos / escribir
   4. conseguir / consigan
   5. estén / estar
   6. llegar / lleguemos
   7. hacer / haga
   8. tengas / tener
   9. sepa / sabe
   10. tienen / tenga
   11. pueda / puede
   12. sea / es

13. termines / terminas
14. necesito / necesite
15. tenga / tengo
16. lleguen / llegan
17. quieran / quieren
18. salgamos / salimos
19. vienen / vengan
20. haya dicho / ha dicho
21. hayamos hecho / hemos hecho

F. 1. Quiero que me hable de su experiencia en el mundo de los negocios.
2. Necesito a alguien que esté encargado de la selección y compra de los equipos electrónicos.
3. Mi padre me sugirió que pidiera un aumento.
4. Si me hubieran pagado un buen sueldo (salario) en la compañía donde trabajaba, habría continuado (seguido) trabajando allí.
5. Espero que me avise sobre su decisión.
6. Si me llamas y no estoy (en casa) puedes dejarme un mensaje en la máquina contestadora.

G. Crucigrama

Horizontal:
2. asistente
3. raíces
6. último
8. procesador
10. relaciones
12. continuar
13. correspondencia
16. supervisión
18. aumento
19. público
21. despacho
22. máquina
23. electrónico
24. comprador

Vertical:
1. seguros
4. salario
5. bancario

Lección 18

A. 1. a / a / a / de / de / a / en
2. en / En / con /
3. con / a / a / con

B. 1. h
2. k
3. f
4. a

7. contestadora
9. evaluación
11. microcomputadora
14. recomendación
15. intérprete
17. teclado
20. accionista

H. (A)

1. Tiene el puesto de supervisora.
2. Trabaja para la compañía Alfa.
3. Sí, quedó muy impresionada.
4. Puede traducir (servir de traductora).
5. Sí, ha decidido darle el puesto.

(B)

1. Tiene una máquina contestadora.
2. Está escuchando un mensaje.
3. Está archivando una carpeta.
4. Sí, yo creo que Mirta es la asistente del Sr. Rojas.
5. Tendrá que escribir unas cartas.
6. Estará en la oficina hasta las seis.

Para leer

1. Lo entrevistaron la semana pasada.
2. Lo entrevistaron para el puesto de supervisor.
3. Le habló de toda su experiencia.
4. Leyó las cartas de recomendación de los antiguos jefes de Luis.
5. Cree que quedó impresionada.
6. Lo llamó ayer por la tarde para decirle que el puesto era de él.
7. Le gustaba mucho su trabajo en la otra compañía.
8. Se habría quedado allí.
9. Comienza a trabajar la semana próxima.
10. Van a celebrar el nuevo trabajo de Luis.

Panorama hispánico
Madrid / España y Portugal / 770.750 kilómetros / La romana, la judía y la árabe / Los Pirineos / más de sesenta millones / Monarquía constitucional / Euro / El Prado / Murillo, Velázquez, el Greco y Goya

5. c
6. l
7. b
8. e
9. d
10. i
11. g
12. j

C.
1. dio las gracias
2. a más tardar
3. de repente
4. Me da rabia
5. Me dejó plantado (a)
6. lleva puesto
7. no me importa
8. Hoy en día
9. tarde o temprano
10. no me hago ilusiones

D.
1. Paquito insistió en mirar los dibujos animados.
2. Van a estrenar una película de suspenso. ¿Quieres ir al cine conmigo?
3. Quiero estar encargado del reparto (la distribución) de papeles. Sueño con ser director de cine algún día.
4. ¿Tú prefieres las películas de ciencia ficción, las de guerra o las de misterio?
5. Me da rabia cuando mi hermano se burla de mí y me toma el pelo.
6. Que esperen.

E. Crucigrama

Horizontal:
2. actriz
4. teatral
6. actor
7. festivales
10. pasos
14. escuela
15. oeste
18. entrante
19. director
21. ciencia
23. músico
24. guerra
25. mundo
26. pelo

Vertical:
1. protagonista
3. grabar
5. cargo
8. ensayar
9. grupo
11. sonora
12. pertenezco
13. bailarina
16. estreno
17. perderme
20. cuánto
22. animados
27. éxito

F. (A)
1. Quiere ser director de cine.
2. Quiere seguir los pasos de Spielberg.
3. Quiere ver una película del oeste.
4. No, no sueña con ser actriz.
5. Le gustaría ser bailarina.

(B)
1. Lleva puesta una blusa negra y una falda de lunares.
2. Piensa viajar a Sevilla.
3. Va a ir a principios de mes.
4. Sí, se alegra de ir a Sevilla.
5. Quiere que llegue a las cinco y treinta a más tardar.
6. Le da rabia que su novia llegue tarde.

Panorama hispánico
Granada, Sevilla y Córdoba / La Alhambra de Granada, la Giralda de Sevilla y la Mezquita de Córdoba / la Plaza de España / La Costa del Sol / La Huerta de España / Andalucía / el flamenco / Miguel de Cervantes / Antonio Machado, Juan Ramón Jiménez y Federico García Lorca / Salvador Dalí, Joan Miró y Pablo Picasso

Hasta ahora... Una prueba (Lecciones 17 y 18)

A.
1. pudieras / hubiera tenido
2. fuera / gustara
3. tuviera
4. trabajara / hubiera sido
5. hicieras / ensayara
6. hubieras tenido
7. tengo
8. hubieran ofrecido
9. se lo dieran
10. viene
11. supiera
12. hubiera tenido

B.
1. aprender a bailar / enseñarme a bailarlo
2. se enamoró de / se casó con / se alegró de
3. me fijo en / lleva puesto
4. Desgraciadamente / por eso
5. para siempre
6. a más tardar / sin falta
7. Hoy en día / dan las gracias
8. a principios de

C.
1. correspondencia   carta   escribir a máquina
2. fax   facsímil   correo electrónico
3. actor   actriz   actuación
4. sueldo   salario   aumento

5. obra de teatro   obra teatral   ensayar
6. entrevistar   entrevista   candidato
7. película   filmar   cine
8. supervisor   supervisar   jefe
9. puesto   trabajo   empleo
10. computadora   ratón   pantalla

11. crítico   criticar   columna
12. presidente   administrador   gerente
13. música   orquesta   grupo musical
14. intérprete   traductor   asistente
15. video grabadora   fotocopiadora   procesador de textos

Un paso más (Lecciones 17 y 18)

A. 1. Se dedica al negocio de importaciones.
2. Va a trabajar en Madrid.
3. Debe haber estudiado administración de negocios.
4. Debe tener amplios conocimientos de informática.
5. Debe poder hablar español, inglés y francés.
6. Debe tener por lo menos tres años de experiencia.
7. No, porque en este puesto debe viajar frecuentemente.

8. No, se necesita tener entre treinta y cuarenta y cinco años de edad.
9. Es excelente.
10. Seguro médico y oportunidades de ascender en la compañía.
11. Debe enviar su resumé y tres cartas de recomendación.
12. Debe enviarlo a la calle Alcalá 524 en Madrid.

B. *Answers will vary.*